TABLEAU
DES LIBRAIRES

ET

DES IMPRIMEURS

JURÉS

DE L'UNIVERSITÉ DE PARIS,

Au 18 Mai M. DCC. LXXX.

A PARIS,

DE L'IMPRIMERIE DE LOTTIN, L'AîNÉ, EX-SYNDIC.

ANCIENS SYNDICS,

M. JOMBERT, *Doyen*, du 20 Août 1771, au 3 Août 1774;
Adjoint du 13 Juillet 1753, au 22 Septembre 1755.

M. SAILLANT, du 3 Août 1774, au 3 Juillet 1777;
Adjoint du 8 Août 1757, au 15 Juin 1762.

Ex-Syndic,

M. LOTTIN, *l'aîné*, du 3 Juillet 1777, au 18 Mai 1780;
Adjoint du 7 Juin 1769, au 26 Juin 1771.

ANCIENS ADJOINTS,

M. VILLETTE, *Doyen*, du 31 Juill. 1742, au 12 Août 1744.
M. DEBURE, *le père*, du 7 Août 1745, au 29 Août 1747.
M. DESPREZ, Impr. du 13 Juill. 1753, au 15 Sept. 1756.
M. ESTIENNE, *l'aîné*, du 22 Sept. 1755, au 8 Août 1757.
M. VINCENT, ... du 26 Avril 1759, au 11 Mai 1763.
M. ESTIENNE, *le jeune*, du 15 Juin 1762, au 4 Juin 1766.
M. D'HOURY, Impr. du 11 Mai 1763, au 7 Juin 1767.
M. LE PRIEUR, ...
M. PISSOT, ... } du 4 Juin 1766, au 15 Juin 1768.
M. DE LORMEL, Impr. du 7 Juin 1767, au 7 Juin 1769.
M. KNAPEN, ...Impr.
M. BABUTY, ... } du 15 Juin 1768, au 5 Juill. 1770.
M. DIDOT, *le jeune*, Impr. du 7 Juin 1769, au 26 Juin 1771.
M. LE CLERC, L.-Fr.
M. BROCAS, ... } du 5 Juill. 1770, au 20 Août 1772.
M. DIDOT, *l'aîné*, Impr.
M. HARDY, Sim. Prosp. } du 26 Juin 1771, au 30 Juin 1773.
M. PRAULT, ...Impr.
M. SAMSON, ... } du 20 Août 1772, au 3 Août 1774.
M. LOTTIN, *le jeune*, .
M. CHARDON, Impr. } du 30 Juin 1773, au 19 Juill. 1775.
M. LAMBERT, Impr.
M. HUMBLOT, ... } du 3 Août 1774, au 3 Juill. 1777.
M. SIMON, P.-G. Impr.
M. DEBURE, G. *fils aîné*. } du 19 Juill. 1775, au 12 Mars 1779.

Ex-Adjoints,

M. GOGUÉ, ...
M. DE HANSY, ... } du 3 Juill. 1777, au 18 Mai 1780.

ORDRE CHRONOLOGIQUE
DES LIBRAIRES
JURÉS DE L'UNIVERSITÉ DE PARIS.

—— 36ᵉ Syndicat, de M. Florentin Delaulne, du 18 Octobre 1715, au 8 Août 1722. ——   6 ans 9 m. 21 j.

1720. 16 *Janvier.* M. Jean Villette, *Doyen de la Communauté, & des Officiers de la Chambre Syndicale, ancien Adjoint.*   1

1721. 30 *Décembr.* M. Jean Debure, *le père, ancien Adj.*   2

—— 37ᵉ Syndicat, de M. J.-B.-Christophe Ballard, du 8 Août 1722, au 8 Mai 1724. ——   1 an 9 mois.

1722. 17 *Octobre.* M. Claude Martin.   3

—— 40ᵉ Syndicat, de M. Michel Brunet, du 19 Décembre 1726, au 12 Mai 1728. ——   1 an 14 m. 24 j.

1727. 21 *Novemb.* M. Claude Girard.   4

—— 42ᵉ Syndicat, de M. P.-Aug. Le Mercier, du 4 Juin 1729, au 25 Juin 1732. ——   3 ans 21 jours.

1730. { 19 *Janvier.* { M. Guillaume-Ambr. Hardy, *l'oncle.*   5
{ M. François-Gabriel Mérigot, *le père.*   6
{ 8 *Août.*   M. Jean-Aug. Grangé, *le père, Impr.*   7

—— 43ᵉ Syndicat, de M. Gabriel Martin, du 25 Juin 1732, au 5 Juillet 1737. ——   5 ans 10 jours.

1733. 24 *Avril.* M. Laurent-Fr. Prault, *le père, Impr. ordinaire du Roi, ancien Adjoint.*   8

1734. 16 *Février.* M. Antoine Boudet,   9

1735. 23 *Décembr.* M. Charles de Poilly.   10

1736. 27 *Juillet.* M. Charles-Antoine Jombert, *le père, ancien Syndic.*   11

—— 44ᵉ Syndicat, de M. Simon Langlois, du 5 Juillet 1737, au 14 Novembre 1739. ——   2 ans 4 m. 9 j.

1737. 30 *Juillet.* M. Gilles Lamesle, *l'aîné, Doyen des Imprimeurs.*   12

1738. 14 *Février.* M. Pierre-Guill. Simon, *Imprimeur, ancien Adjoint.*   13

—— 45ᵉ Syndicat, de M. Cl.-Martin Saugrain, du 14 Novembre 1739, au 12 Août 1744. ——   4 ans 8 m. 29 j.

1740. { 2 *Janvier.* M. Jacques Estienne, *l'aîné, ancien Adj.* 14
{ M. Jacques-Hubert Butard.   15
{ 14 { M. Charles Saillant, *ancien Syndic & Ex-Juge-Consul.*   16

ORDRE CHRONOLOGIQUE.

	14 *Janvier.*	M. Laurent-Charles D'Houry, *Impr.* ancien *Adjoint.*	17
	3 *Mars.*	M. Pierre-Guillaume Cavelier.	18
1741.	15 *Mai.*	M. Charles-Franç. Hochereau, *l'aîné.*	19
	7 *Décembr.*	M. Guillaume-Nic. Desprez, *Imprim.* ordinaire du Roi, ancien *Adjoint.*	20
	16	M. CHARL. GUILL. LE CLERC, SYNDIC, *Archiviste* & ancien *Consul.*	21
1742.	19 *Janvier.*	M. Pierre Guillyn.	22
	20 *Nov.*	M. Charles Robustel.	23
	18 *Décembr.*	M. Jacques-François Quillau, *l'aîné.*	24
1743.	19 *Février.*	M. Pierre-Nic. de Lormel, *Imprimeur,* ancien *Adjoint.*	25
	11 *Mai.*	M. Jean-Baptiste Despilly, *le père.*	26

2 ans 3 m. 11 j. ——— 46ᵉ SYNDICAT, de M. Jacques VINCENT, du 12 Août 1744, au 23 Novembre 1746. ———

1744.	1 *Sept.*	M. Phil. Vincent, anc. *Adj.* (GR. PR.)	27
1745.	14 *Août.*	M. Barth.-Franç. Hochereau, *le jeune.*	28
	18 *Décembr.*	M. Claude Lamesle, *le jeune.*	29
1746.	15 *Janvier.*	M. Joseph-Gérard Barbou, *Imprim.*	30
	9 *Février.*	M. Augustin-Martin Lottin, *l'aîné,* Imprimeur-Libr. du Roi, *Ex-Syndic.*	31
	15 *Octobre.*	M. Robert Estienne, *le jeune,* ancien *Adjoint,* CONSUL.	32

2 ans 11 mois. ——— 47ᵉ SYNDICAT, de M. Guillaume CAVELIER, 23 Novembre 1746, au 22 Octobre 1749. ———

1747.	20 *Avril.*	M. Pierre-Alex. le Prieur, anc. *Imprim.* ord. du Roi, anc. *Adj.* & anc. *Consul.*	33
	29 *Juillet.*	M. Noël-Jacques Pissot, *le père,* ancien *Adjoint.*	34
	17 *Octobre.*	M. André-Fr. Knapen, *le père,* *Impr.* ancien *Adjoint.*	35
1748.	28 *Mai.*	M. Antoine-Claude Saugrain, *l'aîné.*	36
1749.	10 *Janvier.*	M. Noël le Loup.	37
	5 *Avril.*	M. Michel Lambert, *Impr.* anc. *Adj.*	38

ORDRE CHRONOLOGIQUE.

— 48ᵉ SYNDICAT, de M. Théodore LE GRAS, du 22 Octobre 1749, au 22 Décembre 1751. —   2 ans 2 mois

1749. { 31 *Déc.* { M. J.-B.-Paul Valleyre, *l'aîné, Impr.*   39
{ M. Jacques Mérigot, *le fils aîné.*   40

1750.   18 *Sept.*   M. Fr.-Joachim Babuty, *ancien Adj.*   41

— 49ᵉ SYNDICAT, de M. J.-B. COIGNARD, du 22 Décembre 1751, au 13 Juillet 1753. —   1 an 6 m 14 j.

1753   9 *Mai.*   M. Guillaume-François Debure.   42

— 50ᵉ SYNDICAT, de M. François DIDOT, du 13 Juillet 1753, au 15 Septembre 1756. —   3 ans 2 m. 2 j.

1753. { 14 *Août.* { M. François-Ambroise Didot, *l'aîné,*
Imprimeur, ancien Adjoint.   43
{ M. P.-Fr. Didot, *le jeune, Imprimeur,*
ancien Adjoint.   44
{ 12 *Octobre.* { M. André-Charles Cailleau, *Impr.*   45
{ M. Louis-Laurent Prault, *le fils aîné*   46

1754. { 17 *Juin.*   M. Laurent-Fr. le Clerc, *anc. Adj.*   47
{ 25 *Octobre.*   M. Paul-Denys Brocas, *anc. Adj.*   48

1755.   15 *Mai.*   M. Sim.-Pr. Hardy, *le neveu, anc. Adj.* 49

1756. { 1 *Mars.*   M. Jean Jacques Samson, *anc. Adj.*   50
{ 18 *Juin.*   M. Jean Baptiste-Guillaume Musier.   51
{ 4 *Août.*   M. Philippe-Denys Langlois.   52
{ 27   .   M. Louis-Nicolas Prevost.   53

— 51ᵉ SYNDICAT, de M. P.-G. LE MERCIER, du 15 Septembre 1756, au 26 Avril 1759. —   2 ans 7 m. 11 j.

1756.   20 *Nov.*   M. Louis Cellot, *Imprimeur.*   54

1758. { 21 *Avril.*   M. Ant.-Prosp. Lottin, *le jeune, anc. Adj.* 55
{ 22 *Août.*   M. Pierre-Fr. Gueffier, *Imprimeur.*   56
{ 1 *Septembr.* M. Jean-François-Louis Chardon,
Imprimeur, ancien Adjoint.   57

1759.   14 *Février.*   M. Denys Humblot, *anc. Adjoint.*   58

— 52ᵉ SYNDICAT, de M. G.-Cl. SAUGRAIN, du 26 Avril 1759, à sa mort 17 Avril 1762. —   3 ans 1 jour.

1759.   18 *Mai.* { M. Claude-Marin Saugrain, *le jeune.*   59
{ M. Guill. Debure, *le fils aîné, anc. Adj.* 60

1760.   6 *Octobre.*   M. Jacques-Bernard Brunet.   61

1761. { 5 *Janvier.*   M. P.-E.-G. DURAND, *le neveu, Adj* 62
{ 7 *Avril.*   M. Jean-Baptiste Gibert, *l'aîné.*   63
{ 8 *Juin.*   M. Jean-Baptiste Gogué, *Ex-Adjoint.* 64

1761.	16 *Juin.*	M. Antoine FOURNIER, *Adjoint.*	65
	14 *Août.*	M. Jean-Baptiste Deſſain, *junior.*	66
	15 *Sept.*	M. Benoît Rozet.	67

— 53ᵉ SYNDICAT, de M. André-François LE BRETON, du 15 Juin 1762, au 4 Juin 1766. —

3 ans 11 m. 21 j.

1762.	2 *Septembr.*	M. Charles-Joſeph Panckoucke.	68
	23	M. Pierre-Alexandre Laureau.	69
1763.	30 *Avril.*	M. François-Auguſtin QUILLAU, le jeune, *Imprimeur, Adjoint.*	70
		M. Charles-Pierre Berton.	71
	10 *Mai.*	M. Nic.-Fr. VALLEYRE, *le jeune, Imprimeur, Adjoint.*	72
		M. Philippe - Denys Pierres, *Imprimeur ordinaire du Roi.*	73
		M. Marcel Prault, *le fils jeune.*	74
	3 *Sept.*	M. Jean-Thomas Hériſſant.	75
		M. Hon.-Clém. De Hanſy, *Ex-Adjoint.*	76
	17	M. Simon Gibert, *le jeune.*	77
1764.	21 *Février.*	M. François-Guillaume Deſchamps.	78
	2 *Mai.*	M. Den.-Cl. Couturier, *le père, Impr.*	79
		M. Pierre Vente.	80
	17	M. Étienne-Vincent Robin.	81
	22 *Juin.*	M. Joſeph Merlin.	82
	7 *Août.*	M. Nicolas-Auguſtin Delalain, *l'aîné.*	83
	1 *Décembr.*	M. Pierre-Denys Couturier, *le fils.*	84
1765.	12 *Janvier.*	M. Antoine Deſventes de la Doué.	85
		M. Jacques-Gabriel Vatar.	86
	21 *Mars.*	M. Jean-Luc Nyon, *l'aîné.*	87
	29	M. Jean-Fr. Debure de S. Fauxbin.	88
	7 *Mai.*	M. Nicolas-Léger Moutard, *Imprim.*	89
	21	M. Claude Bleuet, *le père.*	90
	4 *Juin.*	M. Nicolas Crapart.	91
	23 *Novembr.*	M. Jacques Lacombe.	92

1765. 17 *Décembr.* M. Jean-Gabriel Mérigot, *le fils jeune.* 93

1766. { 2 *Mai.* M. Jean-Claude Molini. 94
{ 27 M. Gaspard-Théodore le Gras. 95

— 54ᵉ SYNDICAT, de M. Louis-Etienne GANEAU, du 4 Juin 1766, au 15 Juin 1768. —   2 ans 11 jours.

1766. { 13 *Juin.* { M. Pierre-François Durand, *l'aîné.* 96
{ { M. Claude Simon, *Imprimeur.* 97
{ 17 *Octobre.* M. Guillaume-Paschal Prault. 98
{ 19 *Décembr.* M. Robert-Marc Despilly, *le fils.* 99

1767. { 6 *Février.* M. Jacques-Gabr. Clousier, *Imprim.* 100
{ 29 *Mai.* M. Pierre-Rob.-Christ. Ballard, *Impr.*
{   *concurremment avec* Mᵐᵉ *sa mère.* 101
{ { M. Jacques Marchand. 102
{ { M. Gilles-Joseph Bichois. 103
{ { M. Louis-Charles Desnos. 104
{ 4 *Octobre.* { M. René-François Fétil. 105
{ { M. Pierre-Étienne Dubois, *le père.* 106
{ { M. Jacques-François Pyre. 107
{ { M. Robert Ségaud. 108
{ { M. Pierre Gauguery. 109
{ 5 *Décembr.* M. Edme-Jean le Jay. 110

1768. { 9 *Janvier.* M. Louis-François Barrois, *l'aîné.* 111
{ 1 *Février.* M. Jean-Pierre Pillot. 112
{ 29 *Mars.* M. Étienne le Moine. 113
{ 19 *Avril.* M. Laurent-Noël Pissot, *le fils.* 114

— 55ᵉ SYNDICAT, de M. Ant.-Cl. BRIASSON, du 15 Juin 1768, au 5 Juillet 1770. —   2 ans 21 jours.

1768. { 9 *Août.* M. Pierre-Merry Delaguette, *Impr.* 115
{ 23 M. Antoine Prevost. 116
{ 26 M. Guillaume-Luc Bailly. 117
{ 11 *Octobre.* M. Charles Guillaume. 118

1769. { 21 *Février.* M. Jean-Pierre Costard. 119
{ 15 *Juin.* M. Claude-Ant. Jombert, *le fils aîné.* 120
{ 4 *Juillet.* M. Fr.-Jean-Noël Debure, *le fils jeune.* 121
{ 1 *Septembr.* M. Ant. Guenard de Monville, *Impr.* 122

1769.	4 *Octobre.*	M. André-Georges Dupuis.	123
1770.	3 *Juillet.*	M. Michel le Boucher.	124

1 ans 1 m. 15 j.

— 56ᵉ SYNDICAT, de M. J.-Th. HÉRISSANT, du 5 Juillet 1770, à sa mort 2 Août 1771. —

1770.	28 *Sept.*	M. Jean-Gabriel Cressonnier.	125
	26 *Octobre.*	M. François-Hubert Monory.	126
1771.	23 *Février.*	M. Claude-Jacques-Charles Durand.	127
	3 *Mai.*	M. Jean-Baptiste Bastien.	128
	17 *Décembr.*	M. Louis Jorry, *Imprimeur.*	129
	23	M. Jacques-François Froullé.	130
1772.	13 *Mars.*	M. Eugène Onfroy, (*GR. PR.*)	131
	7 *Avril.*	M. Jean-Georg.-Ant. Stoupe, *Impr.*	132
	17 *Juin.*	M. Nicolas Ruault.	133

1 an 11 m. 5 j.

——— 57ᵉ SYNDICAT, de M. Ch.-Ant. JOMBERT, du 10 Août 1771, au 5 Août 1774. ———

1772.	4 *Sept.*	M. J.-A. Durand du Fresnoy, *le jeune.*	134
	13 *Octobre.*	M. Louis-Alex. Jombert, *le fils jeune.*	135
		M. Nicolas Savoye.	136
	5 *Novembr.*	M. Benoît Morin, *Imprimeur.*	137
1773.	12 *Février.*	M. Jacques Esprit.	138
	5 *Mars.*	M. Pierre-Michel Nyon, *le jeune.*	139
	6 *Avril.*	M. Jacques-Fr. Valade, *le père, Impr.*	140
	16 *Juillet.*	M. Jean-François Colas.	141
	31 *Août.*	M. Antoine Santus, *le père.*	142
		M. Jean-Baptiste Fournier.	143
	18 *Septembr.*	M. Jean-Charles Colombier.	144
	22 *Décembr.*	M. Pierre-Théophile Barrois, *le jeune.*	145
	23	M. Pierre-Etienne Dubois, *le fils.*	146
	31	M. Jean-Baptiste-François Née de la Rochelle. (*GR. PR.*)	147
1774.	8 *Janvier.*	M. Cl.-Charl. Méquignon, *le jeune.*	148
		M. Robert-André Hardouin.	149
	15 *Avril.*	M. Jean-Baptiste Gobreau.	150
	10 *Mai.*	M. Jean-Didier Dorez.	151
	15 *Juillet.*	M. Edme-Marie-Pierre Désauges.	152

——— 58ᵉ Syndicat, de M. Charles Saillant, du 5 Août 1774, au 3 Juillet 1777. ——— 2 ans 10 m. 28 j.

1774.	10 *Nov.*	M. Pierre-Prudence Brunet.	153
1775.	23 *Mai.*	M. Augustin-Jérôme Brun.	154
	5 *Septembr.*	M. Nicolas-Henry Nyon, *le 3ᵉᵐᵉ.*	155
	15	M. Louis-Jean La Cloye.	156
1776.	26 *Avril.*	M. Jean-Charles Desaint, *Imprimeur.*	157
	7 *Juin.*	M. Ant.-Louis-Guill.-Cath. La Porte.	158
	31 *Décembr.*	M. Victor Dessenne.	159
	10 *Mars.*	M. François Belin.	160
		M. Venant-Roch Moureau.	161
	15	M. Denys Volland.	162
	20	M. Achilles - Maximin - Philogone Knapen, *le fils*, (Gr. Pr.)	163
		M. Thomas Brunet.	164
	25	M. Louis-Alex. Delalain, *le jeune.*	165
		M. Louis-Pierre Bradel.	166
	6 *Mai.*	M. Jean-Jacq.-Denys Valade, *le fils.*	167
1777.	16	M. Jacques-Philibert Santus, *le fils.*	168
		M. Nicol.-Touss. Méquignon, *l'aîné.*	169
		M. Jean-Antoine Bleuet, *le fils.*	170
		M. Paul-Denys Méquignon, *le 3ᵉᵐᵉ.*	171
	27	M. François-Jean Baudoüin.	172
		M. Nicolas-Noël-Henri Tilliard.	173
		M. Michel Sorin.	174
	30	M. Pierre-Michel Lamy.	175
		M. François Dupuis.	176
	13 *Juin.*	M. Pierre-Laurent Prault.	177
		M. Julien-Augustin Grangé, *le fils.*	178
		M. Jean-Louis Serveron.	179
		M. Jean Hilaire.	180

——— 59ᵉ Syndicat, de M. Aug.-Mart. Lottin, l'aîné, du 3 Juillet 1777, au 18 Mai 1780. ——— 2 ans 10 m. 15 j.

1777.	22 *Juillet.*	M. Claude-Antoine Lesclapart.	181

ORDRE CHRONOLOGIQUE
DES VEUVES DES LIBRAIRES
JURÉS DE L'UNIVERSITÉ DE PARIS.

MESDAMES LES VEUVES de

ORDRE ALPHABÉTIQUE

DES LIBRAIRES

ET DES IMPRIMEURS

JURÉS DE L'UNIVERSITÉ DE PARIS,

*Avec l'indication de leur Demeure, & l'année
de leur Réception.*

MESSIEURS,

B.

Babuty, *rue des Grands Augu-
    stins,* 1750.
Bailly, *rue Saint-Honoré,* 1768.
Ballard, *rue des Maturins,* 1767.
Barbou, *rue des Maturins,* 1746.
Barrois (Louis - François) l'aîné,
    quai des Augustins, 1768.
Barrois (Pierre-Théophile) le jeune,
    quai des Augustins, 1773.
Bastien, *rue du Petit-Lyon, Faux-
    bourg Saint-Germain,* 1771.
Baudoüin, *rue de la Harpe,* 1777.
Belin, *rue Saint-Jacques,* 1777.
Berton, *rue Saint-Victor,* 1763.
Bichois, *rue Neuve N. D.* 1767.
Bleuet (Claude) le père, *pont S.-
    Michel,* 1765.
Bleuet (Jean-Antoine) le fils, *quai
    de Gévres,* 1777.
Boudet, *rue Saint-Jacques,* 1734.
Bradel, *rue d'Écosse,* 1777.
Brocas, *rue Saint-Jacques,* 1754.
Brun, *à Nantes,* 1775.

Brunet (Jacques - Bernard) *chez
    M. Guenard de Monville, rue
    Christine,* 1760.
Brunet (Pierre-Prudence) *rue des
    Écrivains,* 1774.
Brunet (Thomas) *rue Mau-Conseil,*
    1777.
Butard, *rue Saint-Jacques,* 1740.

C.

Cailleau, *rue S.-Severin,* 1753.
Cavelier, *rue S.-Jacques,* 1741.
Cellot, *rue Dauphine,* 1756.
Chardon, *rue Galande,* 1758.
Clousier, *rue Saint-Jacques,* 1767.
Colas, *place de Sorbonne,* 1773.
Colombier, *rue des Maturins,* 1773.
Costard, ... 1769.
Couturier (Denys-Clém.) le père,
    cloître S.-Louis du Louvre, 1764.
Couturier (Pierre-Denys) le fils,
    quai des Augustins, 1764.
Crapart, *rue d'Enfer,* 1765.
Cressonnier, *quai des Augusti.* 1770.

MESSIEURS,

D.

Debure (Jean) le père, *quai des Augustins,* 1721.

Debure (Guillaume-François) *rue de Savoye,* 1753.

Debure (Guillaume) le fils aîné, *quai des Augustins.* 1759.

Debure de Saint-Fauxbin (Jean-François) *quai des Aug.* 1765.

Debure (François-Jean-Noël) le fils jeune, *quai des Augustins,* 1769.

De Hanſy, *pont au Change,* 1763.

Delaguette, *rue de la Vieille-Draperie,* 1768.

Delalain (Nicolas-Auguſt.) l'aîné, *rue S.-Jacques,* 1764.

Delalain (Louis - Alex.) le jeune, *rue S.-Jacques,* 1777.

De Lormel, *rue du Foin-S.-Jac.* 1743.

De Monville, *voyez* Guenard.

De Poilly, *quai de Gévres,* 1735.

Deſaint (Jean - Charles) *rue S.-Jacques,* 1776.

Déſauges, *rue S. Louis, près du Palais,* 1774.

Deſchamps, *rue S.-Jacques,* 1764.

Deſnos, *rue Saint-Jacques,* 1767.

Deſpilly (Jean-Bapt.) le père, *rue S.-Jacques,* 1743.

Deſpilly (Robert-Marc) le fils, *à Nantes,* 1766.

Deſprez, *rue Saint-Jacques,* 1741.

Deſſain, *junior, quai des Augustins,* 1761.

Deſſenne, *au Luxembourg,* 1776.

Deſventes de la Doué, *à Dijon,* 1765.

D'Houry, *rue de la Vieille-Bouclerie,* 1741.

Didot (François-Ambroiſe) l'aîné, *rue Pavée-Saint-André,* 1753.

Didot (Pierre-François) le jeune, *quai des Augustins,* 1753.

Dorez, *à Verſailles,* 1774.

Dubois (Pierre-Etienne) le père, *rue de Condé,* 1767.

Dubois (Pierre - Étienne) le fils, *rue de Condé,* 1773.

Dupuis (André-Georges) *rue de la Harpe,* 1769.

Dupuis (François) *au Palais,* 1777.

Durand (Pierre-Étienne-Germain) le neveu, *rue Galande,* 1761.

Durand (Claude - Jacques - Charl.) *rue du Foin-S.-Jacques,* 1771.

Durand (Pierre-François) l'aîné, *chez M. Durand, rue du Foin-Saint-Jacques,* 1766.

Durand du Freſnoy (Jean-Auguſtin) le jeune, *même demeure,* 1772.

E.

Eſprit, *au Palais Royal,* 1773.

Eſtienne (Jacques) l'aîné, *rue Saint-Jacques,* 1740.

Eſtienne (Robert) le jeune, *rue Saint-Jacques,* 1746.

MESSIEURS,

F.

Fétil, *rue Mazarine*, 1767.
Fournier (Antoine) *rue du Hure-poix*, 1761.
Fournier (Jean-Baptiste) *rue des Maturins*, 1773.
Froullé, *pont Notre-Dame*, 1771.

G.

Gauguery, *rue Jacob*, 1767.
Gibert (Jean-Baptiste) l'aîné, *rue des Maturins*, 1761.
Gibert (Simon) le jeune, *rue du Hurepoix*, 1763.
Girard, *rue S.-Martin*, 1727.
Gobreau, *quai des Auguſt.* 1774.
Gogué, *rue du Hurepoix*, 1761.
Grangé (Jean-Augustin) le père, *rue de la Parcheminerie*, 1730.
Grangé (Julien-Augustin) le fils, *chez M. ſon père*, 1777.
Gueffier, *rue de la Harpe*, 1758.
Guenard de Monville, *rue Chriſtine*, 1769.
Guillaume, *place du pont Saint-Michel*, 1768.
Guillyn, *rue de Jéruſalem*, 1742.

H.

Hardouin, *rue des Prêtres-Saint-Germain*, 1774.
Hardy (Guill. Ambroiſe) l'oncle, *rue des Foſſés S.-Victor*, 1730.
Hardy (Siméon-Proſper) le neveu, *rue S.-Jacques*, 1755.

Hériſſant, *chez Mᵐᵉ ſa mère*, 1763.
Hilaire, *paſſage des Jacobins*, 1777.
Hochereau (Charles-Franç.) l'aîné, *quai de Conty*, 1741.
Hochereau (Barthélemi-François) le jeune, *quai de Gêvres*, 1745.
Humblot, *rue S.-Jacques*, 1759.

J.

Jombert (Charles-Antoine) le père, *cul-de-ſac S.-Thomas du Louvre*, 1736.
Jombert (Claude-Antoine) le fils aîné, *rue Dauphine*, 1769.
Jombert (Louis-Alexandre) le fils jeune, *rue Dauphine*, 1772.
Jorry, *rue de la Huchette*, 1771.

K.

Knapen (André-François) le père, *rue Saint-André-des-Arcs*, 1747.
Knapen (Achille-Max.-Philogone) le fils, *chez M. ſon père*, 1777.

L.

La Cloye, *rue du Monceau-S.-Gervais*, 1775.
Lacombe, *à l'Arſenal*, 1765.
Lambert, *rue de la Harpe*, 1749.
Lameſle (Gilles) l'aîné, *hôtel de Bretonvilliers*, 1737.
Lameſle (Claude) le jeune, *à Avignon*, 1745.
Lamy, *quai des Auguſtins*, 1777.
Langlois, *rue du Petit-Pont*, 1756.
La Porte, *rue des Noyers*, 1776.

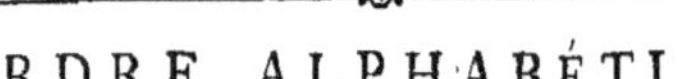

MESSIEURS,

Laureau, *à Arras*, 1762.

Le Boucher, *pont au Change*, 1770.

Le Clerc (Charles-Guillaume) *quai des Augustins*, 1741.

Le Clerc (Laurent-François) *au Palais*, 1754.

Le Gras, *quai de Gêvres*, 1766.

Le Jay, *rue S.-Jacques*, 1767.

Le Loup, *rue de Grenelle-Saint-Honoré*, 1749.

Le Moine, *rue des Arcis*, 1768.

Le Prieur, *rue S.-Jacques*, 1747.

Lesclapart (Claude-Antoine) *pont Notre-Dame*, 1777.

Lottin (Augustin-Martin) l'aîné, *rue S.-Jacques*, 1746.

Lottin (Antoine-Prosper) le jeune, *rue S.-Jacques*, 1758.

M.

Marchand, *rue Croix des Petits-Champs*, 1767.

Martin, *rue Saint-Jacques*, 1722.

Méquignon (Nic.-Touss.) l'aîné, *rue des Cordeliers*, 1777.

Méquignon (Claude-Charles) le jeune, *au Palais*, 1774.

Méquignon (Paul-Denys) le 3.ᵉ, *rue de la Juiverie*, 1777.

Mérigot (François-Gabriel) le père, *quai des Augustins*, 1730.

Mérigot (Jacques) le fils aîné, *quai des Augustins*, 1749.

Mérigot (Jean-Gabriel) le fils jeune, *quai des Augustins*, 1765.

Merlin, *quai des Théatins*, 1764.

Molini, *rue du Jardinet*, 1766.

Monory, *rue des Fossés-S.-Germain-des-Prés*, 1770.

Morin, *rue Saint-Jacques*, 1772.

Moureau, ... 1777.

Moutard, *rue des Maturins*, 1765.

Musier, ... 1756.

N.

Née de la Rochelle, *rue du Hurepoix*, 1773.

Nyon (Jean-Luc) l'aîné, *rue du Jardinet*, 1765.

Nyon (Pierre-Michel) le jeune, *place des quatre Nations*, 1773.

Nyon (Nicolas-Henri) le 3.ᵉ, *rue du Jardinet*, 1775.

O.

Onfroy, *rue du Hurepoix*, 1772.

P.

Panckoucke, *rue des Poitevins*, 1762.

Pierres, *rue Saint-Jacques*, 1763.

Pillot, *passage des Jacobins*, 1768.

Pissot (Noël-Jacques) le père, *quai des Augustins*, 1747.

Pissot (Laurent-Noël) le fils, *chez M. son père*, 1768.

Prault (Laurent-François) le père, *quai de Gêvres*, 1733.

Prault (Louis-Laurent) le fils aîné, *quai des Augustins*, 1753.

ORDRE ALPHABÉTIQUE.

MESSIEURS,

Prault (Marcel) le fils jeune, *rue Traversine-Saint-Honoré*, 1763.

Prault (Guillaume - Pascal) *chez M. Prault, le père*, 1766.

Prault (Pierre - Laurent) *quai des Augustins*, 1777.

Prevost (Louis-Nicolas) *quai des Augustins*, 1756.

Prevost (Antoine) *rue de la Harpe*, 1768.

Pyre, *rue Saint-Jacques*, 1767.

Q.

Quillau (Jacques - François) l'aîné, *rue Christine*, 1742.

Quillau (Franç.-Augustin) le jeune, *rue du Fouare*, 1763.

R.

Robin, *passage du Saumon*, 1764.

Robustel, *rue Saint-Bon*, 1742.

Rozet, *rue de l'Arbre-Sec*, 1761.

Ruault, ... 1772.

S.

Saillant, *rue du Jardinet*, 1740.

Samson, *quai des Augustins*, 1756.

Santus (Antoine) le père, *quai des Augustins*, 1773.

Santus (Jacques-Philibert) le fils, *chez M. son père*, 1777.

Saugrain (Antoine-Claude) l'aîné, 1748.

Saugrain (Claude-Marin) le jeune, *quai des Augustins*, 1759.

Savoye, *rue Saint Jacques*, 1772.

Ségaud, *rue des Cordeliers*, 1767.

Serveron, *pont Notre-Dame*, 1777.

Simon (Pierre - Guillaume) *rue Mignon*, 1738.

Simon (Claude) *rue des Mathurins*, 1766.

Sorin, *rue de la Juiverie*, 1777.

Stoupe, *rue de la Harpe*, 1772.

T.

Tilliard, *rue de la Harpe*, 1777.

V.

Valade (Jacques-François) le père, *rue des Noyers*, 1773.

Valade (Jean-Jacques-Denys) le fils, *chez M. son père*, 1777.

Valleyre (Jean-Bapt.-Paul) l'aîné, *rue de la Vieille-Bouclerie*, 1749.

Valleyre (Nicolas-Franç.) le jeune, *rue Saint-Severin*, 1763.

Vatar, *passage des Jacobins*, 1765.

Vente, *rue & montagne Sainte-Geneviève*, 1764.

Villette, *rue S. - Jacques, Maison de M. Martin*, 1720.

Vincent, *rue des Mathurins*, 1741.

Volland, *rue S.-Jacques*, 1777

ORDRE ALPHABÉTIQUE
DES VEUVES DES LIBRAIRES
JURÉS DE L'UNIVERSITÉ DE PARIS,

Avec l'indication de leur Demeure, & l'année de la Réception de leurs Maris.

MESDAMES LES VEUVES de MM.

A.

Alix, *cloître Saint-Benoît,* 1729.

B.

Babuty, *rue Saint-Jacques,* 1712.
Ballard, *rue des Maturins,* 1741.
Barbou, *à Limoges,* 1717.
Barrois, *quai des Augustins,* 1734.
Briasson, *rue Saint-Jacques,* 1724.
Brocas l'aîné, *rue d'Orléans, faux-bourg Saint-Marceau,* 1747.

D.

Davidts, *rue des Grands Aug.* 1751.
De Hansy (Théodore) le père, *rue Basse des Ursins,* 1726.
De Hansy (Louis-Guillaume) le fils aîné, *rue Sainte-Croix de la Bretonnerie,* 1760.
Delévaque, *rue des Amandiers,* 1767.
Desaint, *rue du Foin-S.-Jacq.* 1759.
De Sanlecque, *place de l'Estrapade,* 1718.
D'Houry, *rue S.-Severin,* 1717.
Duchesne, *rue S.-Jacques,* 1751.

Dupuis, *rue S.-Jacques, hôtel de la Couture,* 1734.

E.

Edme, *voyez* Rapenot.

F.

Fosse, *à Ville-d'Avray,* 1753.

G.

Gueffier (Claude-Pierre) *parvis Notre-Dame,* 1737.
Gueffier (Richard-Simon) *rue de la Barillerie,* 1774.
Guillaume (Laurent-Charles) le père, *quai Pelletier,* 1728.
Guillaume (Laurent-François) le neveu, *place du Pont S.-Michel,* 1771.

H.

Hérissant (J. Thomas) *rue de la Parcheminerie,* 1726.
Hérissant (Claude-J.-B.) *rue Neuve Notre-Dame,* 1740.
Huart, *aux Andelis,* 1720.
Humaire, *rue du marché Palu,* 1764.

J.

Jombert, *à S.-Clair-sur-Epte,* 1719.

MESDAMES LES VEUVES de MM.

L.

Le Breton , *rue Haute - Feuille* , 1733.

Lesclapart , *quai de Gévres* , 1750.

Le Mercier , *rue Saint - Jacques* , 1718.

Limousin , ... 1764.

M.

Méquignon , *rue de la Juiverie* , 1735.

N.

Nyon , *quai des Augustins* , 1722.

P.

Pierres , *rue Mouffetard* , 1739.

Poirée , *rue neuve de Richelieu* , 1767.

Prault (Laurent) *chez M. Prault, le fils aîné* , 1752.

R.

Rapenot (Edme) *rue Saint-Jean-ae-Beauvais* , 1768.

Ravenel , *à S. Cloud* , 1721.

S.

Savoye , *rue S.-Jacques* , 1734.

T.

Thiboust , *place de Cambray* , 1735.

Tilliard , *rue de la Harpe* , 1747.

V.

Vallat - la - Chapelle , *au Palais* , 1759.

Vatel , *quai de Gévres* , 1721.

Cette marque = signifie au lieu de.

1739. 6 *Février.* M. GILLES LAMESLE, *l'aîné,* DOYEN (= *Jean-Baptiste ,* fon *père*) *hôtel de Bretonvilliers.* 1

1741. 28 Septembr. M. *Pierre-Guill.* Simon (= *Pierre,* fon *père*) *ancien Adjoint, rue Mignon.* 2

1743. 10 *Décembr.* M. *Guill - Nicolas* Defprez (= *Guill.* fon *père*) *ancien Adj. rue S.-Jacques.* 3

1749. 18 *Juillet.* M. *André-François* Knapen , *le père* (= fa mère (femme d'*André*) & *J.-Fr.* Robuftel) *ancien Adjoint, rue S.- André-des-Arcs.* 4

1750. { 8 *Mai.* M. *Laur. - Charl.* D'Houry (= *Alexis- Xavier - René* Mefnier & Vᵉ *Guill.* Valleyre) *ancien Adjoint, rue de la Vieille Bouclerie.* 5

6 *Octobre.* M. *Joseph-Gérard* Barbou (= Vᵉ *J.-B. Christophe* Ballard & Vᵉ *Joseph* Barbou) *rue des Maturins.* 6

1752. 3 *Août.* M. *Auguftin - Martin* Lottin , *l'aîné,* Ex-Syndic (= *Jean-Bapt.* Coignard) *rue S.- Jacques.* 7

1754. 28 *Juin.* M. *Jean - Auguftin* Grangé , *le père* (= Vᵉ *Christophe* David & *J. B.* Gonichon) *rue de la Parcheminerie.* 8

1757. 1 *Juillet.* M. *François-Ambroise* Didot , *l'aîné* (= *François,* fon *père*) *ancien Adj. rue Pavée-Saint-André-des-Arcs.* 9

1758. 1 Septembr. M. *Laurent-François* Prault , *le père* (= *Pierre,* fon père) *ancien Adjoint, quai de Gévres.* 10

1758. 13 *Octobre.* M. *Michel* Lambert (= Ve *Jacq-Fr.* Grou) *ancien Adjoint, rue de la Harpe.* 11

1759. 24 *Avril.* M. *Pierre-Nicolas* De Lormel (= Ve *François* Delaguette) *ancien Adjoint, rue du Foin.* 12

1760. 11 *Mars.* M. *Louis* Cellot (= M. *Charl-Antoine* Jombert) *rue Dauphine.* 13

1761. 20 *Janvier.* M. *Jean-Baptiste-Paul* Valleyre, *l'aîné* (= *Henri-Simon-Pierre* Giffey) *rue de la Vieille Bouclerie.* 14

1762. 26 *Juin.* M. *J.-Fr.-Louis* Chardon (= *Jacques,* fon père) *ancien Adj. rue Galande.* 15

1764. { 1 *Mars.* M. *Nicolas - François* VALLEYRE, *le jeune* (= Ve *J.-B.* Lamefle) *Adjoint, rue S.-Severin.* 16

3 *Juillet.* M. *Franç.-Auguft.* QUILLAU, *le jeune,* (= fa mère, femme de *Gabriel-Franç.*) *Adjoint, rue du Fouare.* 17

1768. 15 *Juillet.* M. *Philippe-Denys* Pierres (= M. *Pierre-Gilles* Le Mercier) *rue Saint-Jacques.* 18

1772. { 17 *Mars.* M. *Louis* Jorry (= *Sébaftien,* fon père) *rue de la Huchette.* 19

14 *Avril.* M. *Claude* Simon (= fa mère, femme de *Claude-François*) *rue des Maturins.* 20

19 *Mai.* M. *André-Charl.* Cailleau (= *Gabriel* Valleyre, *le père*) *rue S.-Severin.* 21

1773. { 18 *Mai.* M. *P.-François* Gueffier (= *Charles-Etienne* Chénault) *rue de la Harpe.* 22

14 M. *Pierre-Merry* Delaguette (= *Jean* Lamefle) *rue de la Vieille Draperie.* 23

27 M. *Jacq.-Gabriel* Cloufier (= M. *Pierre-Alexandre* Le Prieur) *rue S.-Jacques.* 24

3 *Juin.* M. *Denys-Clément* Couturier, *le père* (= *Nicolas-Franç.* Moreau) *cloître de Saint-Louis du Louvre.* 25

13 *Août.* M. *Jean - Georges - Antoine* Stoupe (= M. *André-François* Le Breton) *rue de la Harpe.* 26

1774.	2 *Août.*	M. *Antoine* Guenard de Monville (= M. *Jacques-Bernard* Brunet) *rue Christine.*	27
1775.	27 *Janvier.*	M. *Benoît* Morin (= M. *Jacques-Hubert* Butard) *rue S.-Jacques.*	28
1777.	28 *Janvier.*	M. *Nicolas-Léger* Moutard (= Mme V^e de *Charles-Maurice* d'Houry) *rue des Maturins.*	29
1778.	11 *Décembr.*	M. *Jacques-François* Valade, *le père* (= M. *Louis-François* De la Tour) *rue des Noyers.*	30
1779.	30 *Mars.*	M. *Pierre-François* Didot, *le jeune* (= M. *Philippe* Vincent) *ancien* Adjoint, *quai des Augustins.*	31
		M. *J.-Charles* Defaint (= M. *Antoine* Boudet) *rue S.-Jacques.*	32

MESDAMES LES VEUVES de

1737.	18 *Juin.*	M. *Claude-Charl.* Thibouft (= *Claude-Louis*, fon père) *ancien Adjoint*, place de Cambray.	33
1742.	6 *Décembr.*	M. *Christophe-Jean-François* Ballard (= *François-Hubert* Muguet) *rue des Maturins.*	34
		M. *Pierre-Robert-Christophe* Ballard, (pour exercer concurremment avec ladite D^{me} fa mère) *rue des Maturins.* (24 Septembre 1779.)	
1757.	1 *Février.*	M. *Claude-Jean-Baptifte* Hériffant (= *Claude-Jean-Baptifte*, fon père) *rue Neuve Notre-Dame.*	35
1763.	3 *Septembr.*	M. *Jean-Thomas* Hériffant, *le père* (= V^e de *Jacques* Collombat) *ancien Syndic* & *ancien Conful, rue de la Parcheminerie.*	36

FONDEURS
EN CARACTÈRES D'IMPRIMERIE.

M. **F**OURNIER (Jean-Pierre) le père, *place de l'Eſtrapade.*　1

M. Gando (Pierre-François) *cloître Saint-Julien le Pauvre.*　2

M. Capon (Vincent-Denys) *cloître Saint-Benoît.*　3

M. Lameſle (Claude) *à Avignon.*　4

M. Grangé (Jean-Auguſtin) le père, *rue de la Parcheminerie.*　5

M. Grangé (Julien-Auguſtin) le fils, *chez M. ſon père.*　6

M. Fournier (Jean-François) le fils, *rue du Foin-S.-Jacques.*　7

M. Gillé (Joſeph) *place de l'Eſtrapade.*　8

M. De Lormel (Pierre-Nicolas) *rue du Foin-S.-Jacques.*　9

M. Fournier (Simon-Pierre) le jeune, *rue des Poſtes.*　10

M. Joannis (Jacques-Louis) *rue Contreſcarpe, F. S. M.*　11

M. Guyon (Nicolas) *rue des Bernardins.*　12

MESDAMES LES VEUVES de

M. De Sanlecque (Louis-Euſtache) *place de l'Eſtrapade.*　13

M. Hériſſant (Jean-Thomas) *rue de la Parcheminerie.*　14

M. Thibouſt (Claude-Charles) *place de Cambray.*　15

OFFICIERS DE LA COMMUNAUTÉ.

Avocats aux Conſeils,

Mᵉ Roux, *rue d'Anjou-Dauphine, du* 11 *Mars* 1748.

Mᵉ Cochu, *rue des Foſſés Mont-Martre, du* 6 *Février* 1778.

Commiſſaire au Châtelet,

Mᵉ Formel, *rue Saint-Severin, en l'année* 1764.

Notaire au Châtelet,

Mᵉ Goupy, *rue S.-Jacques, du* 22 *Octobre* 1777.

Procureur au Châtelet,

Mᵉ Cormier, *rue du Plâtre-Saint-Jacques, du* 4 *Septembre* 1767.

Pour la Tranſcription des Priviléges, Permiſſions du Sceau & de Police, Ceſſions, &c. M. *Gobreau*, à la Chambre Syndicale, tous les *Marais & Vendredis* de l'année, de relevée. (du 8 Mai 1780.)

Pierre-Charles CHAUMONT, Clerc de la Communauté, *du* 27 *Décembre* 1764, *en la Chambre Royale & Syndicale, rue du Foin-S.-Jacques.*

M. DCC. LXXX.